FAIRE UNE PAUSE

Stop !
Tout va trop vite autour de toi.
Assieds-toi. Inspire. Expire.
Offre-toi ce moment de calme et d'introspection.

ÉCOUTER LES ASTRES

Reste debout
sous le ciel étoilé.
Ferme les yeux, sens ta verticalité
et ressens la sagesse de ces milliers
d'étoiles qui t'entourent.
Chacune est là pour éclairer
ton chemin et te guider.
Alors tends l'oreille.

INFUSER

Beaucoup de choses
se passent dans ta vie.
Des enseignements,
de la sagesse à intégrer.
Prends cet instant
avec toi-même pour écrire,
chanter, respirer, méditer
et laisser tout cela
s’infuser en toi.

COMMUNIQUER

La tempête fait rage dans ton cœur,
dans ta tête, dans ta vie.
Laisse tes pensées s'envoler.
Ramène ton esprit sur ta respiration.
Et pose des mots sur tes émotions,
sur ce qui te traverse et sur ce que tu vis.

PRIORISER

Tout se bouscule,
tout s'entremêle,
tout s'accumule.
Prends le temps de lister
toutes ces choses
qui te préoccupent.
Attribue-leur une note
de priorité.
Libère ton esprit
en t'occupant d'une tâche
après l'autre.

INCARNER
SA RÉALITÉ/SON ÊTRE

Incarne et accepte pleinement
qui tu es – le cœur de ton âme.
Quand tu te laisses exister,
vibrer et rayonner véritablement,
c'est comme si tout prenait sa juste place.

OSER

Une idée merveilleuse
fleurit en toi. Il est temps de faire
taire ces peurs qui la détruisent.
Inspire. 3. 2. 1.
Lance-toi, jette-toi à l'eau
et ose !

SE LAISSER BERCER

Laisse-toi bercer par les eaux de la vie,
les eaux de la joie, les eaux de l'abondance.
Il n'est plus temps de faire.
Délecte-toi de ce moment maternant,
enveloppant et emprunt de douceur.

SE PROTÉGER

Tu ne te sens pas en sécurité. Tu te sens assailli·e, comme si la chance t'avait quitté·e. Inspire l'énergie de la Terre par tes pieds. Inspire l'énergie du Ciel par le sommet de ton crâne. Laisse ces énergies t'envelopper et te protéger.

S'AIMER

Regarde-toi dans le miroir.
Admire ta beauté physique, la grandeur
de ton âme et l'immensité de ton cœur.
Nourris-toi de cet amour infini,
offre cet amour à ton être,
donne-toi ce que tu attends
en vain de l'Autre.

AIMER

Ouvre
ton cœur.
Ressens l'amour
t'envelopper
entièrement.
Accueille cette chaleur
qui se réveille au milieu
de ta poitrine.
Laisse-la te réchauffer,
s'embraser et t'ouvrir
à la beauté de chaque instant.

S'ÉCOUTER

Au fond de toi, de ton être, de ton âme, tu sais !
Tu sais ce qui est juste pour toi. Tu sais ce
qui est bon pour toi. Tu sais quel chemin emprunter.
Écoute-toi simplement,
laisse-toi guider par ton intuition.

PERSÉVÉRER

Tu as envie de baisser les bras. Tu te sens accablé·e, désemparé·e. Tu ne sais pas si tu as la force de continuer. Mais sache que le but est proche et tu pourras bientôt célébrer ta persévérance.

SOUFFLER

Souffle ta vérité, souffle tes projets,
souffle tes envies et tes rêves.
Partage-les. Écris-les.
Parles-en toujours plus loin, toujours
plus fort, pour les faire pousser toujours plus haut.

SE LANCER

Un nouveau départ s'offre à toi.
Mets tes peurs
et tes appréhensions de côté.
Saute.
Lance-toi.
Laisse le courant
de la vie te porter
là où tu dois cheminer.

ÉCOUTER SON CŒUR

Respire profondément.
Pose la main sur ton cœur.
Écoute-le battre à l'intérieur de ton être.
Respire à nouveau.
Fais le vide dans tes pensées
et laisse ses pulsations
te guider.

S'UNIFIER

Tu es comme un diamant avec de multiples facettes.
Chacune de ces facettes, c'est toi !
Aussi différentes et opposées soient-elles.
Ramène chaque partie de toi à toi et sens
la force de l'unicité te combler.

S'INSTRUIRE

De nouveaux sujets te passionnent
et t'intéressent. Choisis un livre,
un article, un podcast, une vidéo
ou un programme en ligne
sur ce sujet et nourris
cette curiosité qui s'éveille en toi.

SE FAIRE CONFIANCE

Ton instinct, ton intuition, ton corps
et ton cœur sont autant de bons guides
qui te sont propres. Reprends ton pouvoir.
Laisse de côté les conseils extérieurs.
Écoute ce que te dictent tes boussoles intérieures.

GRANDIR & MÛRIR

Il est temps pour toi de gagner en sagesse.
Note toutes ces expériences de vie
que tu as traversées, ce qu'elles t'ont apporté,
de bon et de mauvais. Tire les leçons
de ces « pas-sages », puis avance et laisse-toi évoluer.

HARMONISER SON INTÉRIEUR

Pour rayonner à l'extérieur,
il faut que tu rayonnes, que tu vibres,
que tu pulses, à l'intérieur.
Fais de la place dans ta vie,
dans ta tête, dans ton foyer,
dans tes relations et libère-toi
pour retrouver l'harmonie.

DONNER

Tu donnes beaucoup trop aux autres.
Aujourd'hui la priorité c'est toi, tes besoins, tes envies.
Donne-toi tout ce que tu attends de l'autre.
Tu es seul·e maître de ton bonheur.

DÉCONSTRUIRE SES PEURS

La peur est cet espace-temps qui se trouve entre ta zone de confort et ta zone de magie ! Regarde chacune de tes peurs. Nomme-les. Conscientise-les. Déconstruis-les une à une. Et traverse-les pour rejoindre la magie où l'âme agit.

TRANSMUTER

Tu as le pouvoir
de transformer chaque chose,
de percevoir positivement
ou avec neutralité une situation,
mais surtout de transmuter
ta peur en petits moments
de courage quotidien.

ÉCOUTER LES ARBRES

Assieds-toi contre un arbre.
Prends-le dans tes bras.
Écoute ses murmures.
Écoute la sagesse
qu'il a à te transmettre.
Ressens en toi sa force
et sa puissance qui
te rappellera la tienne.

SE RESPECTER

Pose tes limites
et écoute ta temporalité.
Ressens ce qui semble
juste pour toi.
Porte-toi le plus grand
amour et la plus grande
bienveillance dans chacun
de tes choix et de tes décisions.

LAISSER MOURIR

Le temps est venu de mettre un terme à une relation, à un schéma ou à une situation toxique et néfaste. Laisse la vie t'éloigner de ce tourment. Fais de la place dans ta vie et dans ton quotidien pour un renouveau.

CONTEMPLER

Comme suspendue dans le temps,
pause intérieure tournée vers l'extérieur.
temps pour toi et pour admirer la vie,
pour déceler le bonheur
dans ces plaisirs quotidiens.

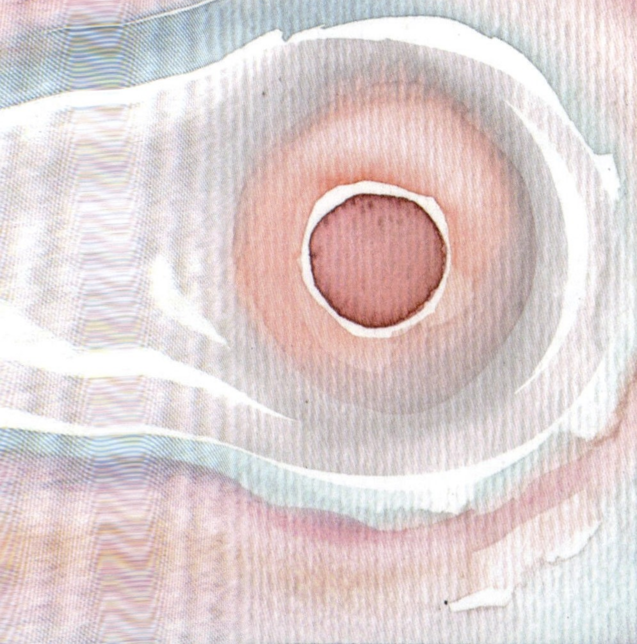

VIBRER

Lève-toi. Ressens ton ancrage profond à la Terre.
Sens ta connexion intense au Ciel.
Laisse la vibration qui t'anime, qui te passionne
et qui t'énergise, traverser ton être et te porter.

VOYAGER

Une nouvelle destination t'attend.
Que ce soit une destination géographique
ou une virée intellectuelle, ton âme a besoin
de s'envoler vers d'autres contrées,
d'explorer et de découvrir l'ailleurs.

RECEVOIR

Tu donnes sans cesse.
Tout ce que tu as, le peu qu'il te reste tu l'offres.
Accepte de recevoir.
Prends la main qui t'est tendue,
car tu ne peux vraiment donner
sans savoir recevoir.

SE RECONNECTER À SOI

Ceci est une invitation à un temps de pause.
Un temps d'introspection. Un temps pour toi.
Un temps avec toi. Loin de tout. Loin du bruit.
Loin de la vie mais proche de ton cœur
et tout près de ton âme.

LÂCHER PRISE

Cette chose à laquelle tu t'accroches, oui, celle-là même qui vient de traverser ton esprit. Il est temps de la lâcher, de la laisser glisser, de desserrer ton emprise et de laisser la vie te guider vers ce qui est juste. Respire… Lâche !

VOGUER

Laisse-toi porter par les flots de la vie,
bercer par les vents de l'Univers,
guider par la lueur de la Lune.
Tout autour de toi, tous ces signes quotidiens
te mènent vers ton juste chemin.
Laisse-toi juste porter...

MÉDITER

Prends 5 minutes,
assieds-toi,
détends-toi et respire.
Fais le vide à l'intérieur de toi.
Sens ton corps s'apaiser
et tout ton être retrouver
sa juste place.

PRENDRE DU RECUL

Stop !
Respire 3 fois
et fais quelques pas en arrière.
Tu pourras apprécier la situation
que tu vis dans son ensemble.
Peut-être y a-t-il des parties
du puzzle qui manquent
à ton champ de vision.

RÉCOLTER

Cela fait un moment
que tu sèmes et travailles dur
pour mener à bien tes projets.
Le temps de la récolte est enfin arrivé.
Tu vas pouvoir savourer ce moment
tant attendu et pour lequel
tu as tant travaillé.

OUVRIR LES YEUX

Lève la tête. Sors des pensées qui t'enferment.
Regarde autour, la magie est là, tout autour de toi.

SE REMETTRE EN QUESTION

Te poses-tu la question de savoir
si tes actions ont une incidence
sur ta situation actuelle
ou le conflit que tu vis ?
Il est maintenant temps de le faire.
Repense à tes agissements
et évalue ta part de responsabilité.

FAIRE EN CONSCIENCE

Mets de la conscience dans chacune de tes actions.
Prends le temps de te rendre compte
de ce que tu fais et de pourquoi tu le fais.
Une chose à la fois.
L'esprit libre et disponible pour cette action.

FAIRE CONFIANCE À LA VIE

La vie sait mieux que toi ce qui est bon,
juste et équilibré pour toi.
Repense à chaque peine et
à chaque moment difficile.
Rappelle-toi la force, la joie
et les émotions que t'ont procuré
ces moments après coup.

SE RECONNECTER À LA NATURE

Arrête tout. Pars marcher aux chants des oiseaux.
Laisse-toi bercer par la douce mélodie
du bruissement des arbres.
Laisse-toi porter par le vent, par la vie,
par la magie de la Nature.

SEMER SA GRAINE

Tu es actuellement en phase de semence.
Tu as peut-être l'impression que tout tourne au ralenti.
N'aie crainte, tout se met simplement en place.
Continue sur ta lancée et rappelle-toi tes intentions.

CÉLIA MELESVILLE

est artiste, auteure, thérapeute et cartomancienne.

Des savoir-faire qui s'entremêlent au gré de ses inspirations et donnent naissance, d'un coup de pinceau, à de magnifiques oracles et tarots.

Elle s'est également formée à diverses techniques thérapeutiques ainsi que de développement personnel et spirituel, et – parce que la vie est un long chemin –, elle continue à apprendre, afin de toujours faire évoluer son regard sur le monde qui nous entoure.

Actuellement, elle partage sa passion au travers de sa page Youtube et propose des formations autour des oracles et tarots sur son site.

www.celiamelesville.com

YouTube Celia Melesville - celia.melesville

CHARLOTTE DAYNES

est une *Light worker* qui œuvre pour le bonheur et le bien-être de chacun·e.

Elle a créé en 2015 « La lumière est en vous » qui est une structure d'accompagnement vers le mieux-être et l'épanouissement personnel.

Charlotte propose des formations en ligne notamment pour développer ses capacités énergétiques ou pour les entrepreneur·e·s éveillé·e·s souhaitant remettre leur intuition au centre de leur activité. Elle anime également des retraites, des stages en pleine nature, des cercles de femmes ainsi que des séances individuelles pour se (re)connecter à soi et à son potentiel.

Ses outils de prédilection sont la guidance, la sonothérapie, le chamanisme, l'énergétique et le développement personnel.

www.lalumiereestenvous.fr